DECLARATION

DV ROY, EN FAVEVR

DES PRESIDENS ET

Lieutenans des Eslections de ce
Royaume.

*Verifiée en la Cour des Aydes, le vingt-
neufiesme Aoust 1624.*

A PARIS,

Chez F ED. MOREL, & P. METTAYER,
Imprimeurs ordinaires du Roy.

M. DCXXIIII.

Auec Priuilege de sa Majesté.

LOVIS par la grace de Dieu, Roy de France & de Nauarre, A tous ceux qui ces presentes Lettres verront, Salut. Sur les plaintes & remonstrances que nous auroient cy deuant faictes les Esleuz des Elections de ce Royaume, du preiudice qu'apportoit en l'exercice de leurs charges, le restablissement faict par l'Edict du mois de May mil six cens cinq, des qualitez de Presidens & Lieutenans esdites Elections, se voyans priuez de toute esperance de presider en leurs Elections par l'ordre de leur antiquité, ainsi qu'il leur auoit esté permis par Declaration precedente: pour maintenir tous lesdits Officiers desdites Elections en bonne vnion & concorde par Arrest

de noſtre Conſeil , du quinziéſme
Octobre mil ſix cens treze, Nous
aurions permis auſdits Eſleuz de
rembourſer leſdits Preſidens & Lieutenans de la finance par eux payée
en nos coffres pour leſdites qualitez,
ſuiuant l'Edict du mois de May mil
ſix cens cinq , à la charge de nous
payer vne ſomme moderée , qui ſeroit taxée & eſgalée ſur chacune deſdites Eſlections: Et ce faiſant, que
leſdites qualitez de Preſidens & Lieutenans, ſeroient eſteintes & ſuppri-
mées , ſans que par cy apres elles
peuſſent eſtre reſtablies , pour quelque cauſe & occaſion que ce ſoit. Et
neantmoins, que ceux qui en eſtoiét
lors pourueuz , demeureroient au
meſme rang & ſeance de Preſidens
& Lieutenans en qualité d'Eſleuz
ſeulement : Et aduenant vaccation
deſdites Offices, par mort, reſigna-

tion ou autrement, il n'y seroit pourueu qu'en ladite qualité d'Esleu, pour
auoir rang & seance, selon l'ordre
de leur reception : Lequel Arrest
n'ayant eu aucun effect, Auroit
neantmoins apporté entre eux plusieurs procez en nos Cours des Aydes, sur les oppositions formées par
lesdits Esleuz, aux receptions des resignataires desdits Presidens & Lieutenans. Au moyen dequoy, lesdits
Esleuz auroient de nouueau faict
leurs plaintes en nostre Conseil, Sur
lesquelles par autre Arrest d'iceluy,
du dernier Iuin mil six cens vingt-
trois, Auroit esté ordonné que le
susdit Arrest du quinziesme Octobre mil six cens treze, seroit executé
selon sa forme & teneur : Et que suiuant iceluy, taxes moderées seroient
faictes sur lesdits Esleuz, Pour dedans
vn mois du iour de la signification

qui s'en feroit au Greffe de chacune
Eslection :   Lesdits Esleuz eussent à
declarer s'ils entendoient rembour-
ser lesdites qualitez de Presidens &
Lieutenans, & payer lesdites taxes.
En quoy faisant, ce qu'ils auroient
payé pour le tout, leur tiendroit lieu
de finance: Et à faute de ce faire par
eux, il estoit permis ausdits Presidens
& Lieutenans, de payer lesdites taxes
par forme de supplement à leurs Offices, Et que ce faisant, ils seroient
maintenus & conseruez esdites qualitez qui demeureroiét vnies à leursdits Offices. Depuis lequel Arrest, ne
s'estát presenté aucun desdits Esleuz
qui en ayt demandé l'execution, s'e-
stans seulement aucuns d'entre eux
opposez en nos Cours des Aydes à la
reception des resignataires desdits
Presidens & Lieutenans, dont nous
aurions receu plusieurs plaintes d'i-

ceux refignataires & de leurs refi-
gnans, Sur ce qu'ayans efté cy deuant lefdites qualitez fupprimées,
Ladite fuppreffion auroit apporté
vn tel defordre & confufion entre
les Officiers defdites Eflections, qu'il
auroit efté trouué neceffaire de les
reftablir pour le bien de noftre fer-
uice. Et de faict, par ledit Edict de
ladite année fix cens cinq, fous la foy
duquel lefdits Prefidés & Lieutenans
ont efté pourueuz de leurs Offices,
& payé en nos coffres la finance à laquelle ils auroient efté taxez, mef-
mes celle du preft & droict Annuel,
fuiuant noftre Declaration du vingt-
deuxiefme Feurier mil fix cens vingt
vn, taxez à beaucoup plus que lefdits
Efleuz en côfideration de leurfdites
qualitez : Pour iouyr par eux, comme
auffi leurs veufues & heritiers, de la
difpenfe des quarante iours par nous

accordée à tous nos Officiers qui se
conserueront leursdits Offices par le
payement dudit droict Annuel, Il ne
seroit raisonnable de les priuer par
lesdits deux Arrests de nostre Conseil de leursdits Office & qualitez qui
ne se peuuent separer: Ce qui auroit
donné sujet à aucuns desdits Presidens & Lieutenans de nous presenter
leur Requeste, tendant à ce qu'il
nous pleust reuoquant lesdits deux
Arrests, ordonner qu'ils iouïront de
leursdits Offices, conformément aux
Edicts de leur creation & restablisse-
mét d'iceux: Et qu'ils, ensemble leurs
veufues & heritiers les pourront resigner, sans que lesdits Esleuz peus-
sent estre receuz à y former aucune
opposition: Desquelles en casqu'il
en feust faict aucune, ils seroient de-
boutez & tenus de tous despens,
dommages & interests enuers les re-

signans & resignataires, sur lesquels
il se trouueroit ladite opposition
auoir esté faicte. Laquelle Requeste
veuë en nostredit Conseil, Par autre
Arrest d'iceluy du vingt-troisiesme
Mars dernier, auroit esté ordonné,
que sans s'arrester ausdits Arrests des
quinze Octobre six cens treze, &
dernier Iuin mil six cens vingt-trois,
lesdits Presidens & Lieutenans iouy-
ront de leursdits Offices, suiuant &
conformément aux Edicts de leur
creation & restablissement d'iceux :
Et leur auroit esté permis, ensemble
à leurs veufues & heritiers, de les resigner auec lesdites qualitez, s'estans
conseruez lesdits Offices par le payement du droict Annuel, ainsi qu'ils
eussent peu faire auparauant lesdits
Arrests : & ce nonobstant les oppositions faictes ou à faire par lesdits
Esleuz ou autres, ausquelles nos Iu-
ges &

ges & Officiers n'auroient aucun eſ-
gard : Et ſans qu'à l'aduenir leſdites
qualitez de Preſidens & Lieutenans,
puiſſent eſtre deſ-vnies de leurs Offices, ny celles de ſecond Preſident,
reſtablies aux lieux & Sieges eſquels
il n'y a à preſent qu'vn ſeul Preſident,
pour quelque cauſe, occaſion ou pretexte que ce ſoit ou puiſſe eſtre, A la
charge que chacun deſdits Preſidens
& Lieutenans payera la finance à laquelle il ſera taxé en noſtre Conſeil,
qui leur tiendra lieu de finance, tant
ſur leurſdits Offices que ſur les gages
& droiéts qui leur ſont attribuez, &
dont ils ioüiſſent à preſent, A quoy
eſtimát que leſdits Preſidens & Lieutenans ſatisferont : A CES CAVSES,
Sçauoir faiſons, Que de l'aduis de
noſtre Conſeil, & de noſtre certaine
ſcience, pleine puiſſance & authorité
Royale, AVONS dict & declaré,

difons & declarons, voulons & nous
plaift, que lefdits Prefidens & Lieutenans des Eflections de noftre Royaume, ioüiffent à toufiours de leurf-
dits Offices auec lefdites qualitez,
conioinctemét & infeparablement,
fuiuant & conformémét aux Edicts
de leur creation & reftabliffement,&
qu'ils les puiffent refigner,cóme auffi
leurs veufues & heritiers, en difpofer
auec lefdites qualitez de Prefidens &
Lieutenans, tout ainfi que nos autres
Officiers, & qu'ils le pouuoient faire
auparauant lefdits Arrefts des quinze
Octobre mil fix cens treze,& dernier
Iuin mil fix cés vingt-trois. Lefquels
Arrefts nous auons à cet effect reuo-
quez & adnullez, reuoquons & ad-
nullons par ces prefentes, & fans que
les qualitez de fecond Prefident puiffent eftre cy apres reftablies és Sieges
où il n'y en a à prefent qu'vn, pour

quelque cauſe, occaſion ou pretexte que ce ſoit : Leſquelles qualitez de ſecond Preſident auſdites Eſlections, où il n'y en a à preſent qu'vn, Nous auons entant que beſoin eſt ou ſeroit, eſteint & ſupprimé, eſteignons & ſupprimons par ces preſentes. Et pour le regard des Eſlections où il ſe trouuera à preſent deux Preſidens pourueuz & receuz, VOVLONS qu'ils ioüiſſent tous deux de leurſdits Offices : Et qu'eux, enſemble leurs veufues & heritiers, en puiſſent diſpoſer conioinctement, auec leſdites qualitez, tout ainſi que les anciens Preſidens deſdites Eſlections. Voulons en outre, que les ſommes que leſdits Preſidens & Lieutenans auront payées és mains du Treſorier de nos parties Caſuelles, en conſequence de l'Arreſt de noſtre Conſeil, dudit iour vingt-troiſieſme

Mars dernier, tiennent lieu de finance, tant sur leursdits Offices que gages & droiĉts attribuez à iceux.

Sɪ ᴅᴏɴɴᴏɴs en mandement
à nos amez & feaux Conseillers, les
gens tenans nos Cours des Aydes de
Paris & Rouën, que nos presentes
Lettres de declaration, vouloir &
intention cy dessus, ils façent regi-
strer, Et du contenu en icelles, iouïr
& vser les pourueuz desdits Offices
de Presidens & Lieutenans, plaine-
ment & paisiblement, de poinĉt en
poinĉt selon leur forme & teneur,
Cessans & faisans cesser tous trou-
bles ou empeschemens au contraire.
Nonobstant tous Ediĉts, Arrests, &
Lettres à ce contraires, Ausquelles
& à la derogatoire des derogatoires
y contenuës, Nous auons derogé &
derogeons par ces presentes: Cᴀʀ
tel est nostre plaisir. En tesmoin de-

quoy, nous auons faict mettre noftre feel à cefdites prefentes.

DONNE' à fainct Germain en Laye le feptiefme iour d'Aouft, l'an de grace mil fix cens vingt-quatre. Et de noftre regne le quinziefme. Signé, LOVIS. Et plus bas, Par le Roy, POTIER. Et feellée du grand feau de cire iaune fur double queüe. Et au deffous eft efcrit,

Regiftrée en Cour des Aydes, Ouy le Procureur general du Roy pour auoir lieu, felon leur forme & teneur, fuiuant & aux charges portées par l'Arreft du iourd'huy. A Paris le Vingt-neufiefme iour d'Aouft l'an mil fix cens vingt-quatre.

Signé, DV PVY. Par ordonnande de la Cour.

EXTRAICT DES REGISTRES
de la Cour des Aydes.

EV par la Cour les Chambres affemblées, les Lettres patentes du Roy en forme de Declaration données a Sainct Germain en Laye le feptiefme iour du mois d'Aouft, mil fix

cens vingt-quatre, signees, *LOVIS*: & plus bas, *Par le Roy, Potier,* & scellees sur double queuë du grand Sceau de cire jaune, par lesquelles, pour les causes & considerations y contenuës, Ledit Seigneur, de l'aduis de son Conseil, pleine puissance & authorité Royale, dict, declare, & veut que les Presidens & Lieutenans des Eslections de ce Royaume, iouyssent à tousiours de leursdites Offices auecques lesdites qualitez de President & Lieutenant conioinctement & inseparablement suyuant & conformemët aux Edicts de leur creation & restablissement, & qu'ils les puissent resigner comme aussi leurs vefues & heritiers en disposer auecques leursdites qualitez de President & Lieutenant, tout ainsi que les autres Officiers, & qu'ils le pouuoient faire auparauant les Arrests des quinziesme Octobre mil six cens treize, & dernier Iuin mil six cens vingt-trois. Lesquels Arrests à cét effect, ledict Seigneur reuoque & annulle par sesdictes lettres, sans que les qualitez de secõd President puissent estre cy apres restablies és sieges où il n'y en a apresent qu'vn, pour quelque cause & occasion que ce soit, lesquelles qualitez de second President ausdites Eslections où il n'y en a apresent qu'vn en tant que besoin est, ou seroit, ledict Seigneur esteint & supprime par icelles Lettres. Et pour le regard des Eslections où il se trouuerra à present deux Presidens

pourueus & receus , Veut ledict Seigneur qu'ils
iouyssent tous deux de leursdits Offices , & qu'eux,
ensemble leurs vefues & heritiers, en puissent disposer conioinctement auecques lesdites qualitez,
tout ainsi que les autres Presidens desdites Eslections. Veut en outre que les sommes que les Presidens & Lieutenant auront payees es mains du
Thresorier de ses parties casuelles en consequence de
l'Arrest de son Conseil du vingt-troisiesme Mars
Mil six cens vingt-quatre , tienne lieu de finance
tant sur leursdites Offices que gaiges & droicts attribuez à iceux. Lesdites lettres à la Cour addres-
santes afin de verification d'icelles : acte d'opposition
formee au Greffe de ladite Cour , par Maistre Ro-
bert Angenoust, Lieutenant en l'Eslection de Troyes
du dixneufiesme dudit mois d'Aoust , contenant ses
causes & moyens de ladite opposition. Autre Acte
de pareille opposition formee audit Greffe par Maistre Manuel Gastebois Lieutenant en l'Eslection de
Langres du vingt-troisiesme dudict mois d'Aoust,
contenant employ des moyens dudict Angenoust.
Autre Acte d'opposition de Maistre Iean Raudot
Lieutenant en l'Eslection d'Auxerre, Edicts, De-
clarations, & Arrests rapportez sur lesdites oppositions, Conclusions du Procureur General du Roy,
le tout veu & consideré. LA Cour a ordonné & or-
donne que lesdites lettres en forme de Declaration, se-

ront regiſtrees au Greffe d'icelle pour auoir lieu ſelon leur forme & teneur, à la charge toutesfois qu'il n'y aura plus qu'vn Preſident en chacune Eſlection, & qu'aduenant vacation par mort, reſignation ou autrement de l'vn deſdicts Offices de Preſident eſdites Eſlections où il y en a deux, il n'y ſera pourueu qu'en qualité d'Esleu ſeulement, & que ladite qualité de ſecond Preſident demeurera ſupprimee conformement à l'Edict de l'an mil ſix cens cinq, & pour cét effect que le dernier receu deſdits Preſidens eſdites Eſlections, ne payera aucune choſe aux coffres du Roy, ains le plus ancien deſdits Preſidens payera ſeul la ſomme à laquelle il aura eſté taxé, laquelle ſomme neantmoins luy ſera renduë par ledit ſecond Preſident, ſa vefue, heritiers ou ayans cauſe, au cas que ledit plus ancien receu decede ou reſigne ſadite charge auparauant ledit ſecond Preſident. Faict à Paris en la Cour des Aydes le vingt neufieſme iour d'Aouſt l'an mil ſix cens vingt-quatre.

    Signé,   DV PVY, Par ordonnance de la Cour.

Collationné aux originaux, par moy Conſeiller, Notaire & Secretaire du Roy.